Grundschule

Gabriela Rosenwald

Lapbook Advent & Weihnachten

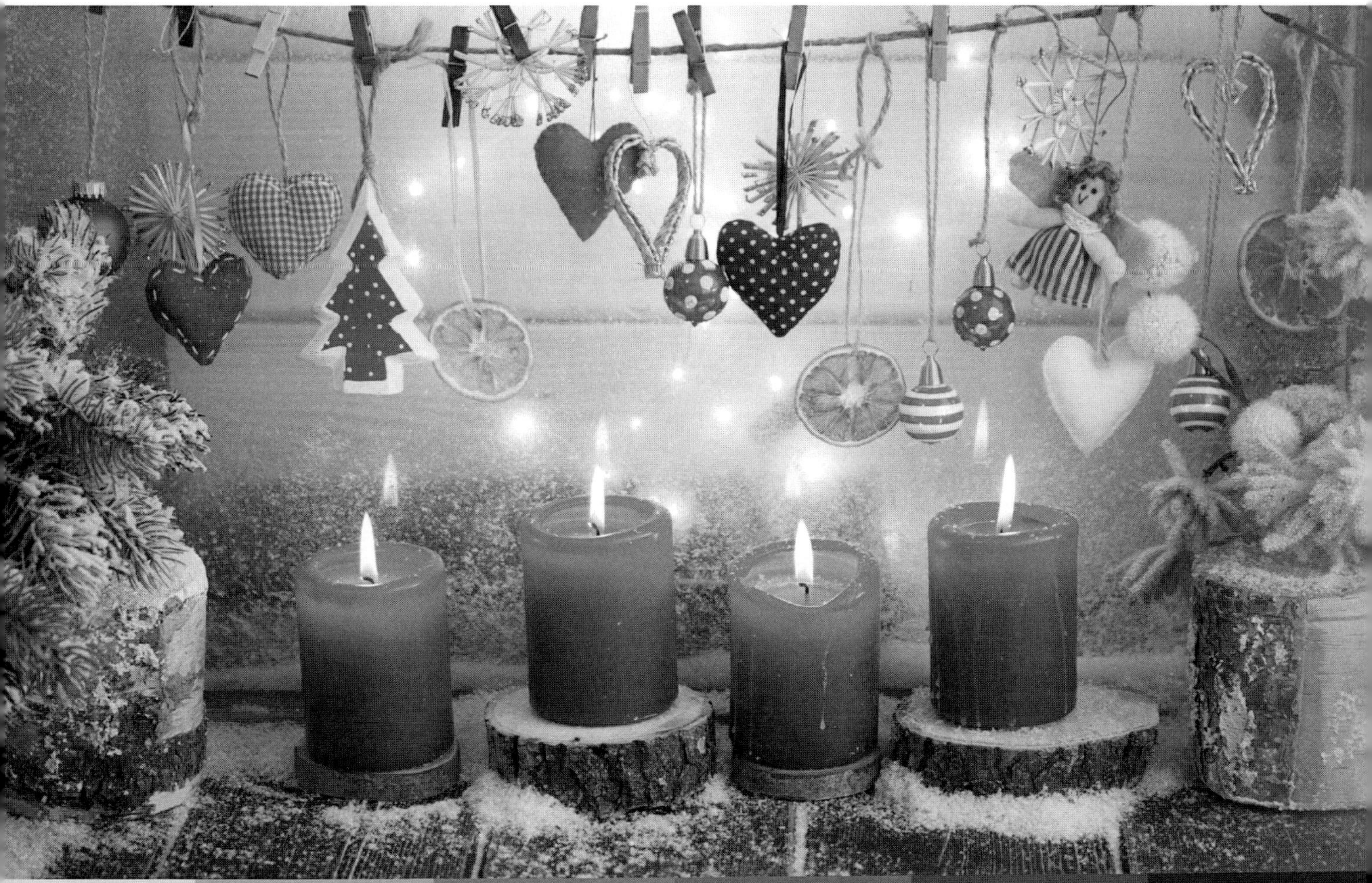

Die schönste Zeit des Jahres kreativ erarbeiten

www.kohlverlag.de

Lapbook Advent & Weihnachten

Die schönste Zeit des Jahres kreativ erarbeiten

1. Auflage 2024

Idee und Text: Gabriela Rosenwald
Coverbilder: © ChristArt – AdobeStock.com
Redaktion: Kohl-Verlag
Grafik & Satz: Tatjana Wörner & Kohl-Verlag
Druck: farbo prepress GmbH, Köln

Bestell-Nr. 13 151

ISBN: 978-3-98841-219-5

Bildquellen: © AdobeStock.com

S. 2: Africa Studio; **S. 3:** Markus; **S. 5:** godesignz; **S. 7:** krissikunterbunt; **S. 8:** Anastasia; **S. 9-40:** Iuliia; **S. 9:** Vector Tradition, GTR, Rawpixel.com; **S. 10:** Stockgiu, Adam, Jemastock, Rawpixel.com, grgroup; **S. 11:** GTR, vladischern, GTR, lukbar; **S. 12:** GTR, Gstudio, honeyflavour, Studio Barcelona; **S. 13:** marga, Christine Wulf, ESH, Alexander Raths, zzorik; **S. 15:** LABELMAN, ArtWorld, **S. 16:** zatletic, passiflora70, 200509313, Nico, by-studio; **S. 17:** Ramona Kaulitzki; **S. 18:** jokatoons, WoGi; **S. 19:** Christine Wulf, Christos Georghiou, martstudio, mtv2021, Farida, Artlanes, lineartestpilot, Ingo Sch., VarotChondra, Natalia Samoroskaia; **S. 20:** Peter Atkins, Harald Biebel, Christian Jung, rdnzl (2x), Daniel Ernst, Ronny Manthei, angela branaschky, Simone, sathit, michaklootwijk, New Africa; **S. 21:** Cute Design, christine krahl; **S. 22:** GreenMOM, Titian, Zerbor; **S. 23:** Titian; **S. 24:** Alyona-Simona; **S. 25:** by-studio (2x), NERYX, 2rogan (2x), Smileus; **S. 26:** Smileus, MARIMA, by-studio; **S. 27:** possawat, Vic, ferumov, DenisProduction.com; **S. 28:** Oleksiy, Coloures-Pic; **S. 29:** Christos Georghiou; **S. 30:** honeyflavour, 無印かげひと; **S. 31:** anuwat (2x), RenZen, by-studio; **S. 32:** Sunnydream, Алексей Круглов; NewFabrika; **S. 33:** singmuang, Mareen Vandelay; **S. 34:** Dennis Blank; **S. 35:** SR07XC3, Oleksiy, krissikunterbunt, Popova Olga, trialartinf, Coprid; **S. 36:** eyetonic, Hickendorf, Korea Saii, angela0982; **S. 37:** Maria, kankhem; **S. 38:** Jan Engel; **S. 39:** eMIL' (2x), cdkproductions, Africa Studio, Checha, tomalv, Solveig, pixdesign123, GraphicGalaxy, elenabsl

Bildquellen: © wikipedia.com

S. 32: Johann_Hinrich_Wichern; S. 35: Marianne Schneegans, Gotlands museum

Inhalt

Vorwort

Advent war bis zum 7. Jahrhundert eine Buß- und Fastenzeit. Auch Weihnachten war früher ein ruhiges und besinnliches Fest. Die Christen feierten die Geburt ihres Herrn Jesus Christus.

Heute hat die Geschäftswelt von USA bis China entdeckt, dass sich mit diesem Fest viel Geld verdienen lässt. Die Besinnung auf das Fest ist dabei ziemlich „auf der Strecke" geblieben.

So soll hier unseren Kindern der eigentliche Sinn der Adventszeit und des Weihnachtsfestes nahe gebracht werden. Sitten und Bräuche sind spannend zu erkunden. Kerzen, Vorfreude auf Weihnachten, die erwartungsvolle Zeit wird mit vielen Bildern und einfachen Texten dargestellt, die wiederum in Heftchen und Formen erarbeitet werden. So entsteht ein „Lapbook", das beim Betrachten Freude macht.

Kinder sind für Stimmungen besonders empfänglich. So werden Ihre Schüler/innen gerne die Themen aus der Advents- und Weihnachtszeit bearbeiten.

Eine frohe, friedliche Adventszeit wünscht Ihnen der Kohl-Verlag und

Gabriela Rosenwald

Und so kann es aussehen:

Materialliste, Lapbook basteln

Was brauchst du für 1 Lapbook?

- Schere, für runde Formen evtl. eine Nagelschere
- Klebstoff
- 1 Papiermappe oder 1 buntes DIN A3 Papier
- Verschiedene Stifte, z. B. Bunt-, Faser-, Wachsmalstifte (+ weißer Stift)
- Büroklammern
- 1 Klarsichthülle (um angefangene Papierteile sicher aufzubewahren)
- Sticker, Stanzteile, Bilder ... alles, was zum jeweiligen Thema passt, zum Verzieren

So gestaltest du dein Lapbook

1. Variante

- Suche dir einen farbigen Fotokarton in der Größe DIN A3.
- Falte den Karton in der Mitte und klappe ihn wieder auseinander.
- Schon hast du ein Lapbook! Du kannst nun das Titelbild aufkleben und den Inhalt gestalten und einkleben. Überlege gut, bevor du den Innenteil befestigst.

2. Variante

- Nimm wieder einen farbigen Fotokarton (DIN A3).
- Falte den Karton in der Mitte und klappe ihn wieder auseinander.
- Falte nun die beiden äußeren Teile noch einmal zur Mitte. Nun sind 3 Knicke entstanden.
- Du kannst jetzt ein farbiges DIN A4 Blatt in die Mitte kleben. Dann klappst du die Seitenteile zu. Dein Lapbook ist fertig!
- Das Titelbild teilst du in der Mitte und klebst es auf.

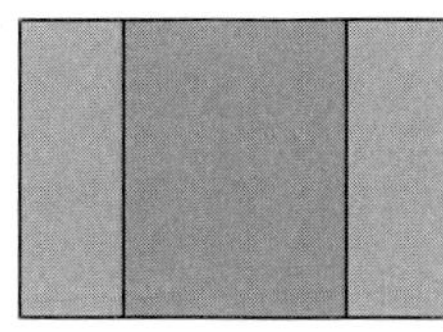

Lapbook Variationen

Und wenn der Platz nicht reicht, weil du noch mehr erfahren hast oder einige Bilder einfügen möchtest: Dann wird dein Lapbook einfach erweitert!

Du kannst oben und unten, rechts und links weitere Klappen ankleben. Am besten klebst du die Klappen mit einem breiten Klebestreifen fest.

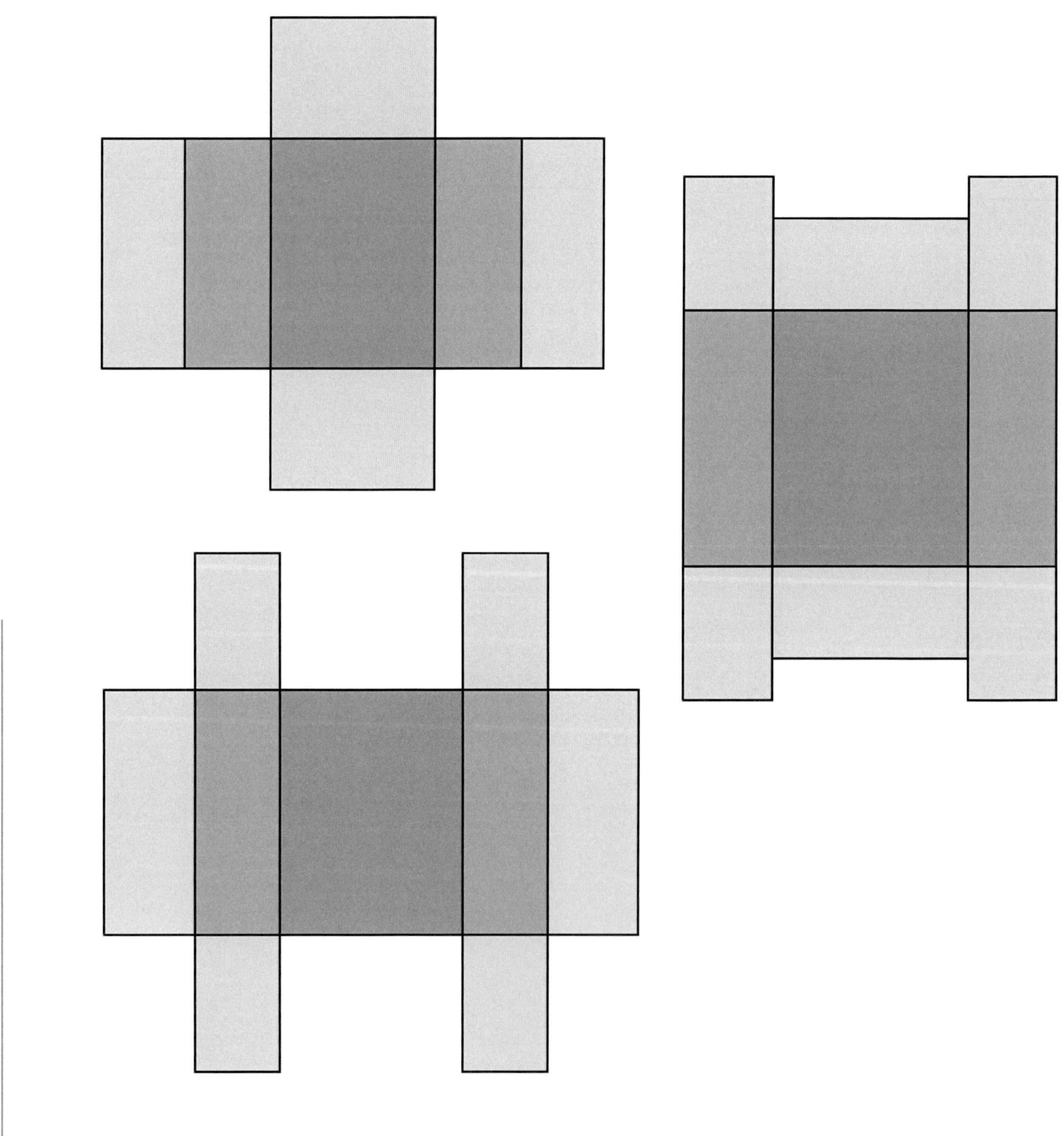

KOHL VERLAG
Lapbook Advent und Weihnachten

Arbeitspass

Name: ______________________________

Klasse: ____________

Seite	Thema	begonnen	erledigt

KOHL VERLAG Lapbook Advent und Weihnachten
Die schönste Zeit des Jahres kreativ erarbeiten – Bestell-Nr. 13 151

Mein Lapbook

Advent und Weihnachten

Name: ____________________________

KOHL VERLAG
Lapbook Advent und Weihnachten
Die schönste Zeit des Jahres kreativ erarbeiten • Bestell-Nr. 13 151

Die Weihnachtsgeschichte

Hier könnt ihr die Weihnachtsgeschichte kennenlernen, wie sie in der Bibel steht. Schneidet dazu die Streifen aus und klebt sie der Reihe nach zusammen. Faltet sie dann zur Ziehharmonika. Das Bild „Die Weihnachtsgeschichte" sollte oben liegen. Klebe das Heftchen in dein Lapbook.

Linie nach vorne knicken ↓

Linie nach hinten knicken ↓

Die Weihnachtsgeschichte

hier 2 ankleben

2
In Nazareth wohnte eine junge Frau namens Maria. Eines Tages schwebte plötzlich ein Engel vor ihr. Maria erschrak, aber der Engel sagte ihr, dass sie sich nicht fürchten müsse.

hier 3 ankleben

Lapbook Advent und Weihnachten
Die schönste Zeit des Jahres kreativ erarbeiten – Bestell-Nr. 13 151
KOHL VERLAG

Die Weihnachtsgeschichte

Linie nach vorne knicken

Linie nach hinten knicken

3

Er sei von Gott geschickt worden, um ihr zu sagen, dass sie bald ein Kind bekommen würde – ein ganz besonderes. Dieses würde Jesus heißen und alle Menschen würden es den „Sohn Gottes" nennen.

hier 4 ankleben

4

Maria wunderte sich: Von wem sollte sie ein Kind bekommen – sie war doch noch gar nicht verheiratet? Doch der Engel erklärte ihr, dass Gott selbst der Vater sei.

hier 5 ankleben

5

Josef, Marias Verlobter, war traurig, als er von Marias Schwangerschaft hörte: Er glaubte, Maria sei mit einem anderen Mann zusammen. Er beschloss, sich von ihr zu trennen.

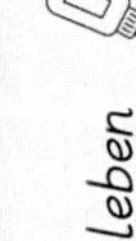

hier 6 ankleben

6

Eines Nachts träumte er von einem Engel: „Fürchte dich nicht, Maria als deine Frau zu dir zu nehmen", sagte dieser. Maria habe ihn nicht belogen: das Kind sei Jesus, der Sohn Gottes.

hier 7 ankleben

KOHL VERLAG Lapbook Advent und Weihnachten
Die schönste Zeit des Jahres kreativ erarbeiten – Bestell-Nr. 13 151

Die Weihnachtsgeschichte

Linie nach vorne knicken

Linie nach hinten knicken

7

Nun befahl Kaiser Augustus allen Bewohnern, in ihre Heimat zu gehen. Er wollte zählen, wie viele Leute in seinem Reich lebten. Josef musste also in seine Heimat Betlehem – und er nahm Maria mit.

hier 8 ankleben

8

Der Weg war sehr beschwerlich, da Maria hochschwanger war. Sie mussten irgendwo übernachten – aber niemand hatte ein Bett für sie frei. Schließlich fanden sie einen verlassenen Stall.

hier 9 ankleben

9

In dieser Nacht bekam Maria ihren Sohn. Diese Nacht nennen wir deshalb die „Heilige Nacht". Wie der Engel es gesagt hatte, gab Josef ihm den Namen Jesus.

hier 10 ankleben

10

In der Nähe saßen Hirten mit ihren Schafen auf dem Feld. Sie erschraken, als der Engel plötzlich vor ihnen schwebte. „Fürchtet euch nicht, denn ich verkünde euch eine große Freude!", sagte er.

hier 11 ankleben

Die Weihnachtsgeschichte

Linie nach vorne knicken

Linie nach hinten knicken

11

Er erzählte ihnen von der Geburt Jesus, dem Sohn Gottes. Neugierig machten sich die Hirten auf den Weg zum Stall, in dem Maria, Josef und Jesus waren.

hier 12 ankleben

12

Auch die Heiligen Drei Könige waren unterwegs. Plötzlich erschien über ihnen ein leuchtender Stern, der sich langsam bewegte. Sie folgten dem Stern und kamen schließlich auch an dem Stall an.

hier 13 ankleben

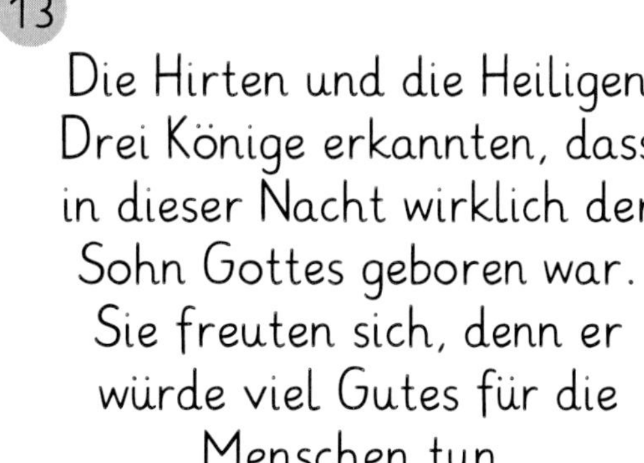

13

Die Hirten und die Heiligen Drei Könige erkannten, dass in dieser Nacht wirklich der Sohn Gottes geboren war. Sie freuten sich, denn er würde viel Gutes für die Menschen tun.

Die Rückseite dieses grauen Kästchens an dein Lapbook kleben.

KOHL VERLAG
Lapbook Advent und Weihnachten
Die schönste Zeit des Jahres kreativ erarbeiten – Bestell-Nr. 13 151

Die besonderen Tage im Dezember

Male in die Kästchen auf der nächsten Seite zu jedem Tag ein kleines Bild, wie z. B. zum 1. Dezember deinen Adventskalender. Schneide die Kärtchen dann aus. Du kannst sie in dem Umschlag unten aufbewahren.

Besondere Tage im Dezember

Klebelasche

Hier an das Lapbook ankleben.

Klebelasche

Lapbook Advent und Weihnachten
Die schönste Zeit des Jahres kreativ erarbeiten – Bestell-Nr. 13 151
KOHL VERLAG

Die besonderen Tage im Dezember

Der erste Advent	Der 1. Dezember	Barbaratag
Nikolaustag	Der zweite Advent	Der dritte Advent
Der vierte Advent	Winteranfang	Heiligabend
1. Weihnachtstag	2. Weihnachtstag	Silvester

Am 4. Dezember ist Barbara-Tag

Schneide die Kärtchen unten, den Balken und das Heftchen auf der nächsten Seite aus. Knicke die Texte an der gepunkteten Linie und klebe sie in das Heftchen ein. Dann knickst du das Heftchen wie angegeben. Den Balken klebst du an den überstehenden Rand.

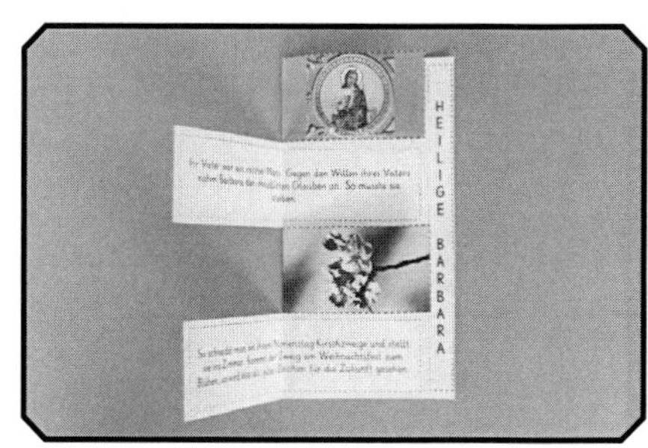

Die Märtyrerin Barbara lebte im 3. Jahrhundert nahe der heutigen Stadt Istanbul. Sie ist die Schutzpatronin der Bergleute, der Türme und Burgen.

Ihr Vater war ein reicher Mann. Gegen den Willen ihres Vaters nahm Barbara den christlichen Glauben an. So musste sie sterben.

Ein Kirschbaumzweig soll sich in ihrem Kleid verfangen haben, als man sie in das Gefängnis sperrte. Den Zweig hat sie mit Wasser aus ihrem Trinkbecher getränkt.

So schneidet man an ihrem Namenstag Kirschzweige und stellt sie ins Zimmer. Kommt der Zweig am Weihnachtsfest zum Blühen, so wird das als gutes Zeichen für die Zukunft gesehen.

H
E
I
L
I
G
E

B
A
R
B
A
R
A

Lapbook Advent und Weihnachten
Die schönste Zeit des Jahres kreativ erarbeiten – Bestell-Nr. 13 151
KOHL VERLAG

Am 4. Dezember ist Barbara-Tag

hier knicken

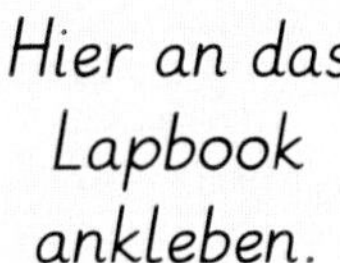

KOHL VERLAG
Lapbook Advent und Weihnachten
Die schönste Zeit des Jahres kreativ erarbeiten – Bestell-Nr. 13 151

Der Nikolaus von Myra

Setze das Puzzle zusammen und klebe es in das leere Kästchen unten. Ergänze die Texte auf der nächsten Seite mit den richtigen Wörtern. Schneide dann die Kärtchen aus, hefte sie an der grauen Markierung zusammen und klebe sie in dein Lapbook.

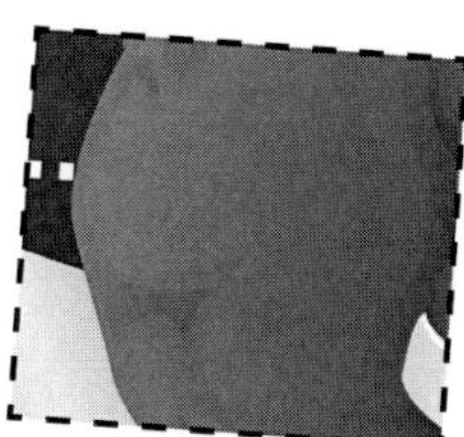

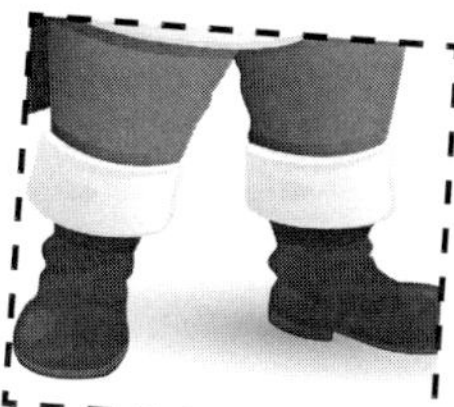

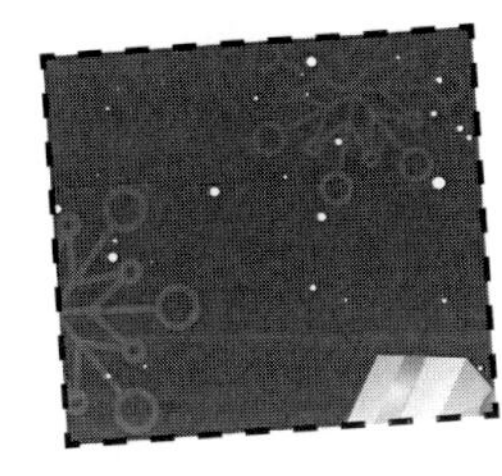

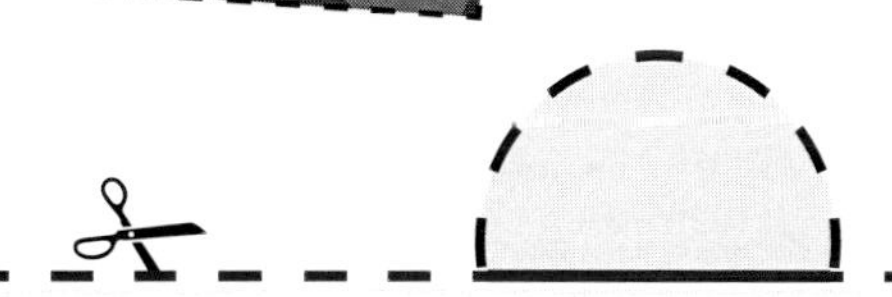

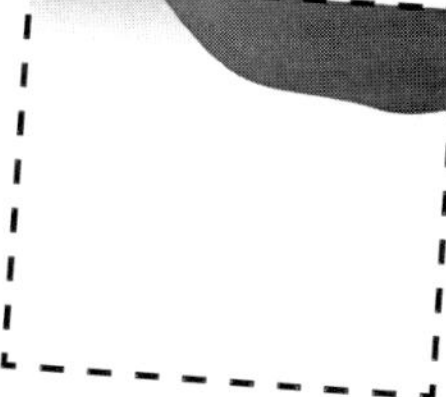

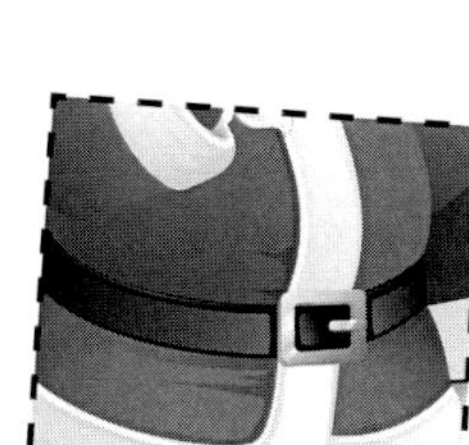

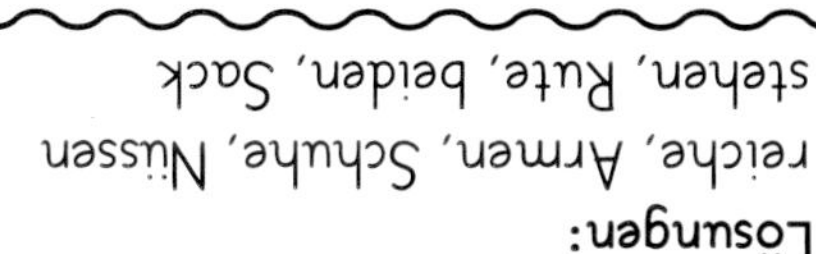

Lapbook Advent und Weihnachten
Die schönste Zeit des Jahres kreativ erarbeiten – Bestell-Nr. 13 151
KOHL VERLAG

Der Nikolaus von Myra

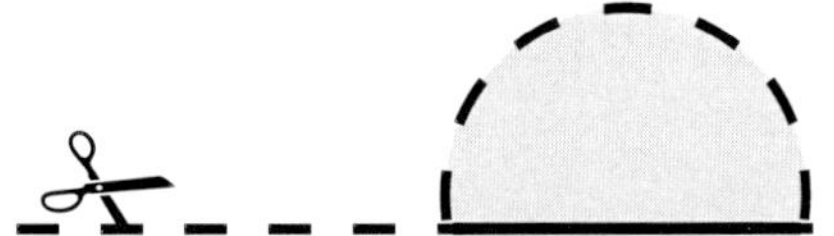

Nikolaus war ein griechischer Bischof. Er lebte im 4. Jahrhundert. Seine Eltern waren ______________ Leute. Nach ihrem Tode verteilte Nikolaus das Vermögen unter den ________________. Am Vorabend des Nikolaustages stellen die Kinder heute noch Pantoffel oder ______________ vor ihre Tür, damit der Nikolaus sie in der Nacht mit Süßigkeiten, Äpfeln und ______________ füllt.

Die bösen Kinder ______________ im „Schwarzen Buch". Sie werden getadelt und machen mit der ______________ Bekanntschaft. Sankt Nikolaus wird oft von Knecht Ruprecht oder Krampus begleitet. Die ________________ nehmen die ganz schlimmen Kinder in ihrem ______________ mit.

Die Rückseite dieses Kastens an dein Lapbook kleben.

KOHL VERLAG Lapbook Advent und Weihnachten
Die schönste Zeit des Jahres kreativ erarbeiten – Bestell-Nr. 13 151

Kennst du die Nikolaus-Wörter?

Schreibe die Nikolaus-Wörter zu den richtigen Bildern. Schneide die Form dann aus und falte sie wie eine Ziehharmonika. Das Bild „Nikolauswörter" sollte oben sein. Klebe die Form in dein Lapbook.

Mütze • Geschenk • Schlitten • Teller • Stiefel • Bart • Sack • Gedicht

Nikolauswörter

Nikolausabend

Advent, Advent, ein Lichtlein brennt

hier Teil 2 ankleben

Die Rückseite dieses Teils an das Lapbook kleben.

KOHL VERLAG Lapbook Advent und Weihnachten
Die schönste Zeit des Jahres kreativ erarbeiten – Bestell-Nr. 13 151

Weihnachtsbäckerei

Vor Weihnachten backen wir viele leckere Plätzchen: Zimtsterne, Nussmakronen, Lebkuchen, Kokosmakronen, Vanillekipferl, Spritzgebäck, Printen, Ausstechplätzchen, Spekulatius und Stollen. Schreibe die Namen neben die Bilder. Schneide die Form dann aus und falte sie wie eine Ziehharmonika. Klebe sie in dein Lapbook.

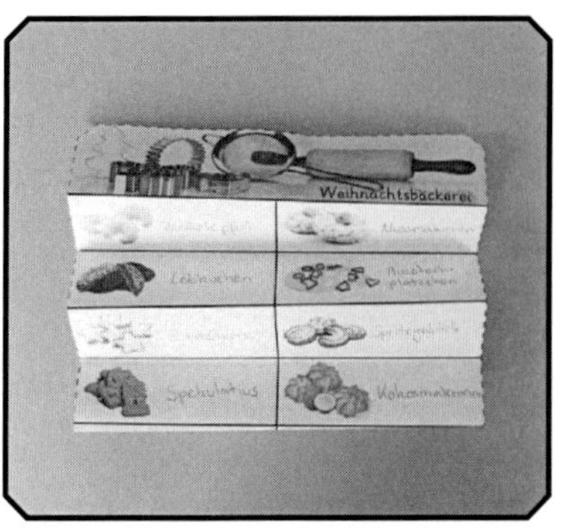

Weihnachtsbäckerei

Die Rückseite dieses Feldes an dein Lapbook kleben.

KOHL VERLAG Lapbook Advent und Weihnachten
Die schönste Zeit des Jahres kreativ erarbeiten – Bestell-Nr. 13 151

Plätzchen verzieren

Plätzchen kann man mit Zuckerguss in verschiedenen Farben, mit Schokostreuseln, Nüssen oder Zuckerperlen verzieren. Wie würdest du deine Plätzchen verzieren? Male die Plätzchen an. Schneide sie dann aus und verwahre sie in dem Umschlag unten. Den kannst du an dein Lapbook kleben.

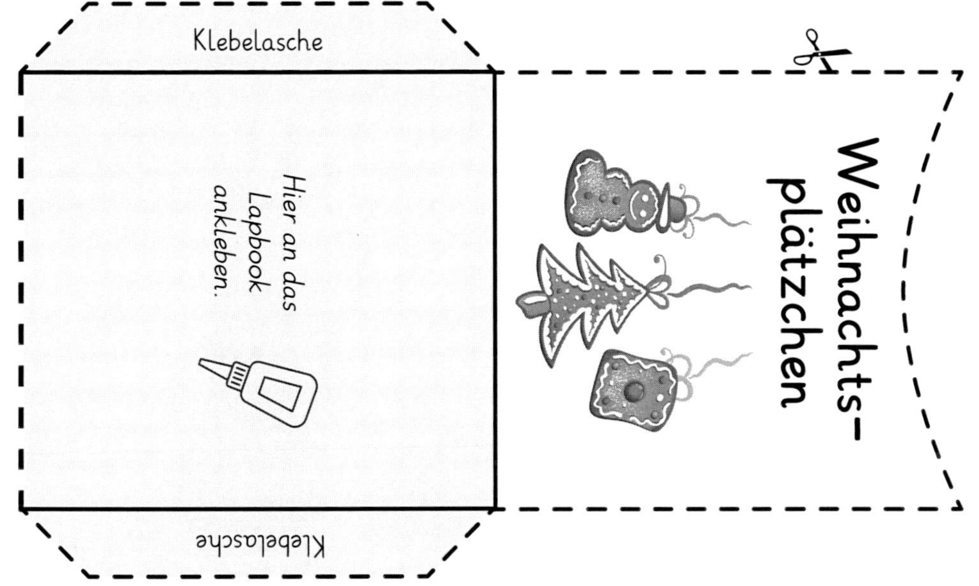

KOHL VERLAG Lapbook Advent und Weihnachten
Die schönste Zeit des Jahres kreativ erarbeiten – Bestell-Nr. 13 151

Auf dem Weihnachtsmarkt

Da gibt es viel zu sehen! Zeichne die verschiedenen Sachen in die Weihnachtsstände. Schneide die Kärtchen aus. Klebe sie an der grauen Fläche zusammen. Die Rückseite des letzten Kärtchens klebst du in dein Lapbook.

Auf dem Weihnachtsmarkt

Honig und Kerzen

Heiße Getränke

Würstchen und Brötchen

KOHL VERLAG
Lapbook Advent und Weihnachten
Die schönste Zeit des Jahres kreativ erarbeiten – Bestell-Nr. 13 151

Auf dem Weihnachtsmarkt

Krippen und Figuren

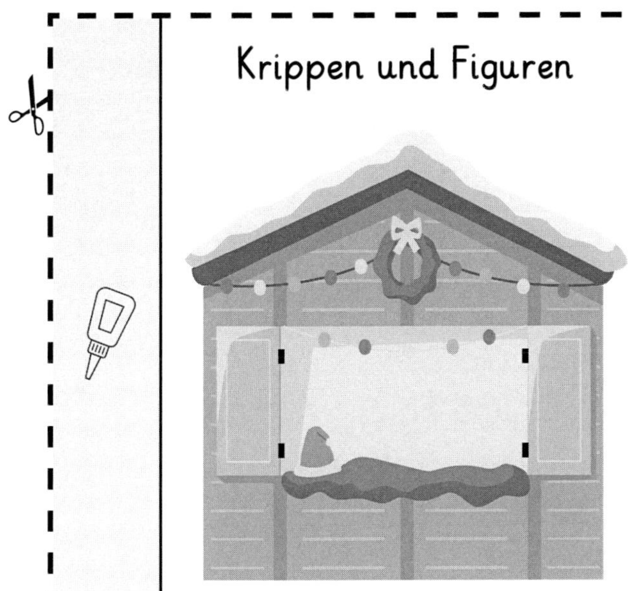

Schals, Mützen und Handschuhe

Plätzchen und Nüsse

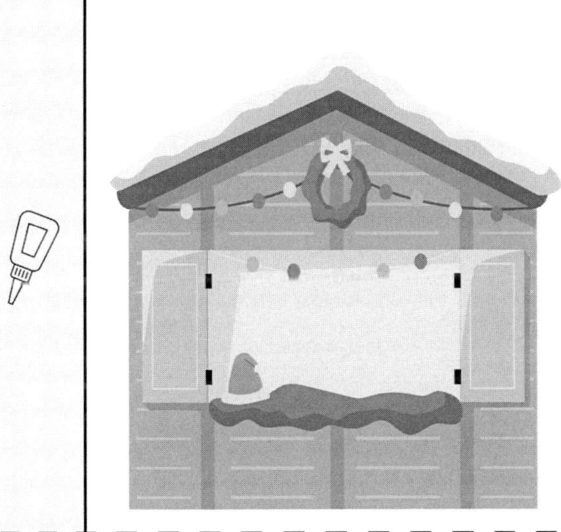

Waffeln und Pfannkuchen

Weihnachtsschmuck

Bonbons und Süßigkeiten

KOHL VERLAG Lapbook Advent und Weihnachten
Die schönste Zeit des Jahres kreativ erarbeiten – Bestell-Nr. 13 151

Wie ein Bäumchen zum Weihnachtsbaum wird

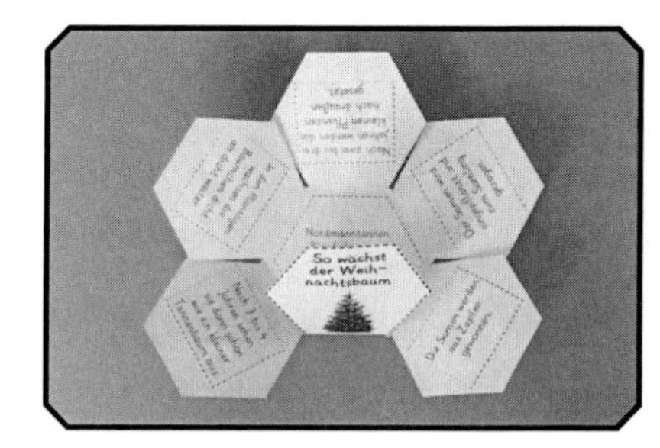

Die Entwicklung vom Samenkorn bis zu einem Weihnachtsbaum dauert etwa 10 Jahre. Während des Wachstums müssen die Bäumchen gepflegt werden – sie werden regelmäßig gedüngt und gegossen.
Schneide die Kärtchen unten aus und klebe sie hinter die richtigen Bilder der Form (auf der nächsten Seite). Schneide die Form auf der nächsten Seite aus und knicke sie an den gestrichelten Linien nach hinten. Klebe sie in dein Lapbook.

Nach zwei bis drei Jahren werden die kleinen Pflanzen nach draußen gesetzt.	In den Plantagen wachsen die Bäumchen dicht an dicht weiter.	Der Samen wird eingepflanzt und zum Sämling gezogen.
Die Tanne oder Fichte wird mit 8 bis 12 Jahren zum Weihnachtsbaum.	Die Samen werden aus Zapfen gewonnen.	Nach 3 bis 4 Jahren sehen sie dann schon wie ein kleiner Tannenbaum aus.

Nordmanntannen, Blaufichten und Fichten werden in Deutschland am meisten angebaut.

Diesen Text klebst du in die Mitte der Form.

KOHL VERLAG Lapbook Advent und Weihnachten
Die schönste Zeit des Jahres kreativ erarbeiten – Bestell-Nr. 13 151

Wie ein Bäumchen zum Weihnachtsbaum wird

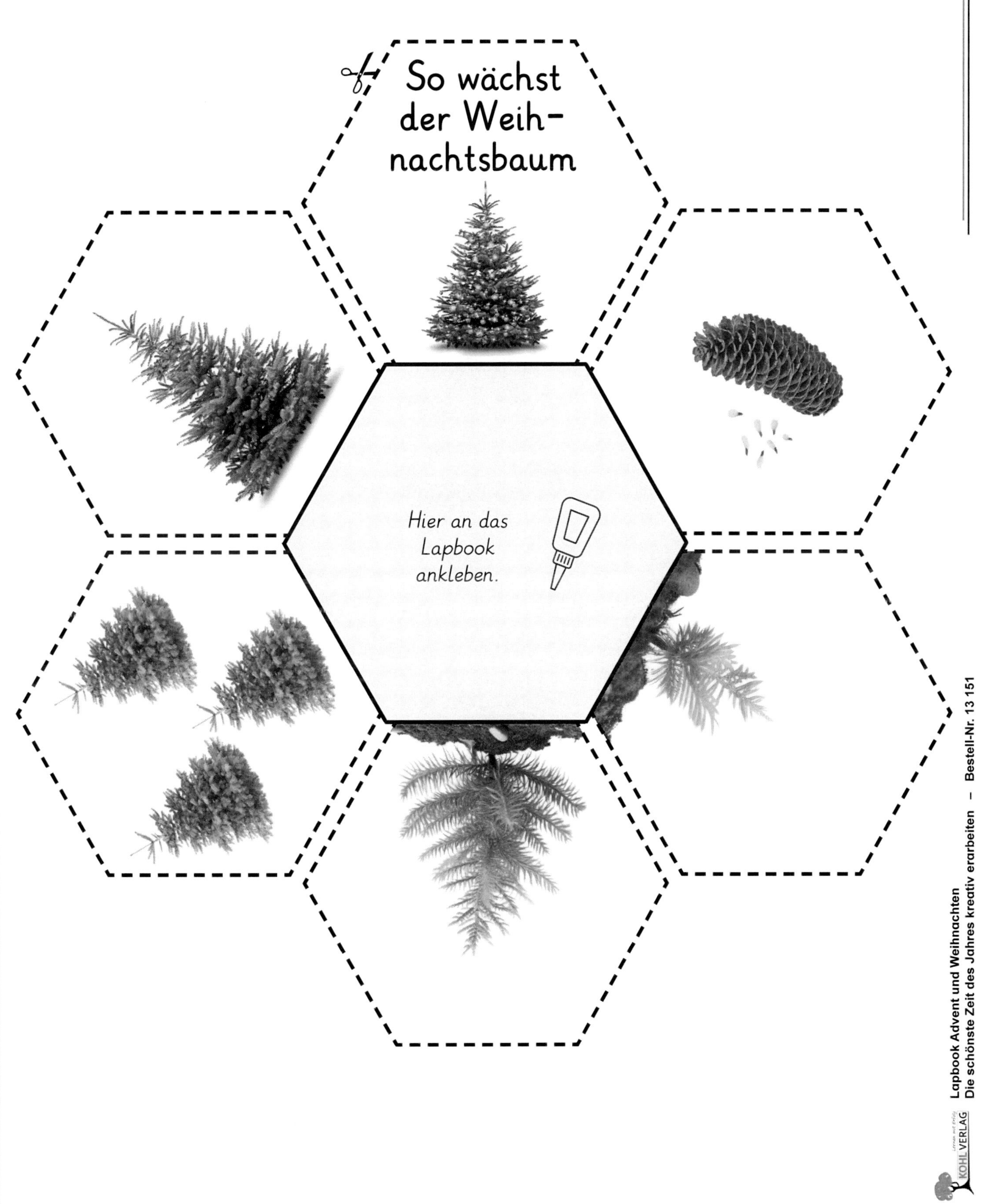

Die Geschichte des Weihnachtsbaumes

Schneide die Kärtchen unten und auf der nächsten Seite aus. Ergänze die Texte und klebe sie richtig hinter die Bilder. Klebe die Seiten an der grauen Markierung zusammen und klebe das Heftchen in den Lapbook.

Ende des 15. Jahrhunderts wurden zum ersten Male zu Weihnachten _________ Zweige ins Haus gestellt. Sie sollten Kraft geben und böse _________ vertreiben. Aus dem Jahre 1611 ist der erste Tannenbaum mit Kerzen bekannt.

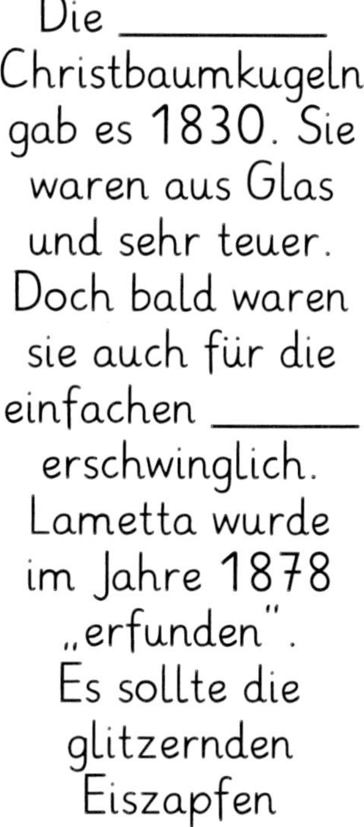

Die _________ Christbaumkugeln gab es 1830. Sie waren aus Glas und sehr teuer. Doch bald waren sie auch für die einfachen _______ erschwinglich. Lametta wurde im Jahre 1878 „erfunden". Es sollte die glitzernden Eiszapfen darstellen.

Geschmückt wird der Baum (auch Tannenbaum oder

____

genannt) mit Kerzen,

____

Lametta und Figuren. Im 19. Jahrhundert breitete sich dieser Brauch von Deutschland über die ganze Welt aus.

Lösungen:
grüne, Geister, Christbaum, Kugeln, ersten, Leute

KOHL VERLAG Lapbook Advent und Weihnachten – Die schönste Zeit des Jahres kreativ erarbeiten – Bestell-Nr. 13 151

Die Geschichte des Weihnachtsbaumes

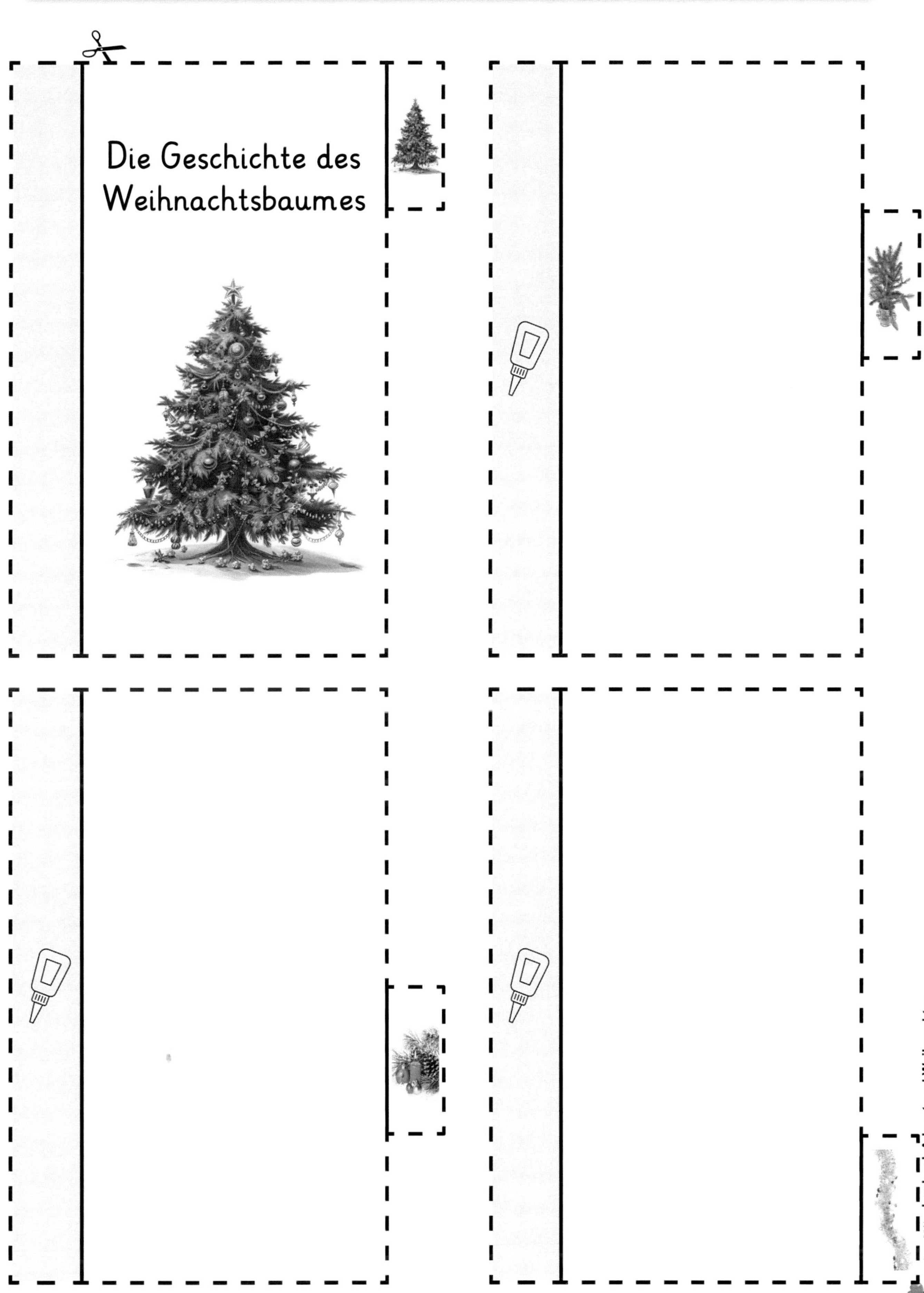

KOHL VERLAG
Lapbook Advent und Weihnachten
Die schönste Zeit des Jahres kreativ erarbeiten – Bestell-Nr. 13 151

Gedicht zum Advent (Autor unbekannt)

Setze die fehlenden Reimwörter in das Gedicht ein. Verziere das Gedicht mit kleinen Bildern. Schneide die Kärtchen aus. Hefte die Blätter an der grauen Markierung zusammen und klebe das Büchlein in dein Lapbook.

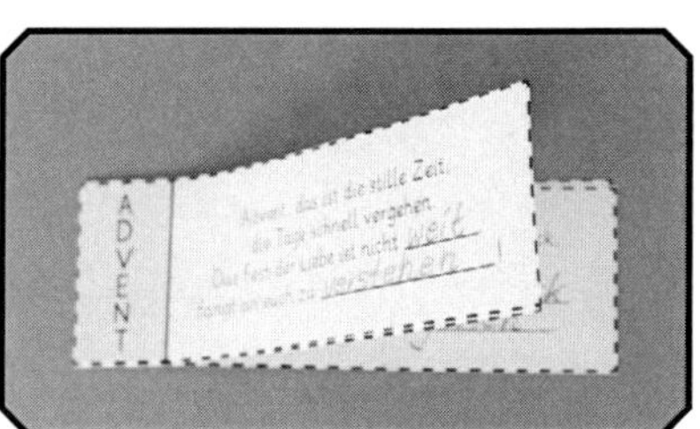

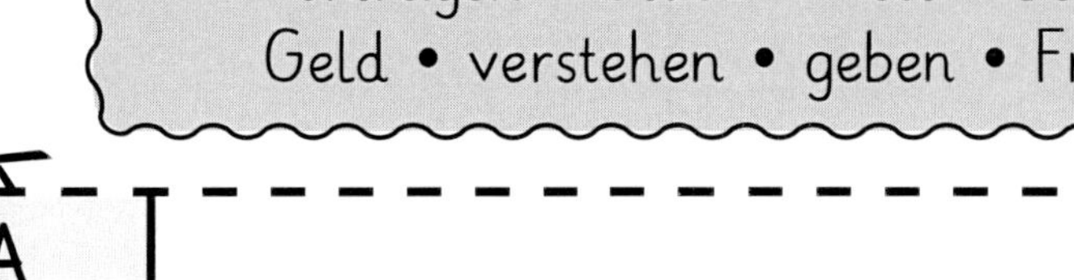

vertragen • Stück • weit • bereit •
Geld • verstehen • geben • Frieden

ADVENT

Advent, das ist die stille Zeit,
die Tage schnell vergehen.
Das Fest der Liebe ist nicht ______,
fangt an euch zu ______________!

Es gab wohl manchmal Zank und Streit
ihr habt euch nicht ______________,
vergesst das nun und seid __________,
erneut „Hallo" zu sagen.

Denn denkt nicht nur an euer Glück,
ihr solltet danach streben,
anderen Menschen auch ein ________
von eurer Liebe zu __________.

Der eine wünscht sich Macht und ______,
die Wünsche sind verschieden.
Ich wünsche für die ganze Welt
nur Einigkeit und ______________.

Lösungen:
weit, verstehen
vertragen,
bereit
Stück, geben
Geld, Frieden

KOHL VERLAG Lapbook Advent und Weihnachten
Die schönste Zeit des Jahres kreativ erarbeiten – Bestell-Nr. 13 151

Der Sinn von Weihnachten

Für jeden bedeutet Weihnachten etwas anderes. Ordne die Kärtchen wie du sie am wichtigsten findest: 1, 2, 3, ... In dem Umschlag auf der nächsten Seite kannst du sie verwahren und an dein Lapbook kleben. Vielleicht findest du auch noch andere Dinge, die für dich zu Weihnachten gehören? Schreibe sie in die freien Kärtchen.

KOHL VERLAG Lapbook Advent und Weihnachten
Die schönste Zeit des Jahres kreativ erarbeiten – Bestell-Nr. 13 151

Der Sinn von Weihnachten

Nicht jeder hat eine Familie, mit der er Weihnachten feiern kann.

Gute Wünsche

Füge die passenden Ergänzungen in die Form ein. Schneide die Form unten aus und knicke sie an den durchgezogenen Linien nach hinten. Klebe die Form in dein Lapbook. Auf den Rückseiten kannst du weitere gute Wünsche notieren …

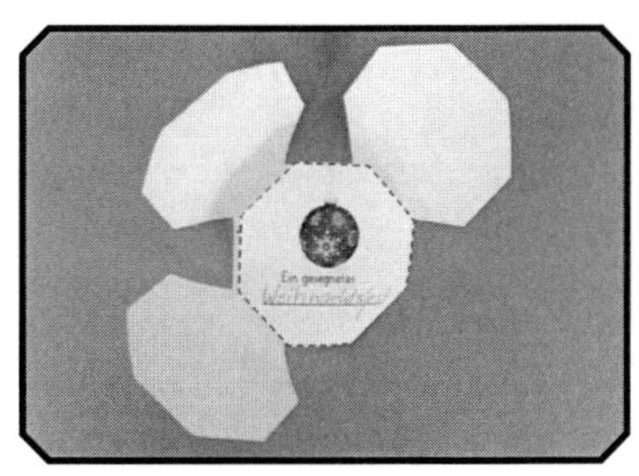

… Weihnachtsfest … neues Jahr
… im neuen Jahr! … Weihnachten!

Ein gesegnetes …

____

Frohe …

____

Hier an das Lapbook ankleben.

Ein glückliches …

____

Alles Gute …

____

KOHL VERLAG Lapbook Advent und Weihnachten
Die schönste Zeit des Jahres kreativ erarbeiten – Bestell-Nr. 13 151

Der „Erfinder" des Adventskranzes

Schneide die 3 Kärtchen hier und die Form auf der nächsten Seite aus. Male die Bilder an und ergänze die Texte. Klebe die Texte hinter die Bilder und den Adventskranz in die Mitte. Du kannst den Kranz noch mit den roten Kerzen ergänzen. Seit 1860 wird dieser Kranz mit Tannengrün geschmückt.

1. Der erste Adventskranz in Deutschland wurde von Johann Hinrich Wichern im Jahre ________ aufgestellt. Er leitete ein ________, in dem arme Kinder aufgenommen wurden. Es wurde „Rauhes Haus" genannt. Jeden Tag ____________ die Kinder, wann denn nun endlich …

2. … Weihnachten wäre. So nahm Wichern ein altes ________________ und befestigte für die Adventssonntage ______ große, weiße Kerzen darauf. Für die Wochentage gab es 6 ____________, rote Kerzen. So durften die Kinder bis Weihnachten jeden Tag eine Kerze anzünden.

Lösungen:
1839, Haus, fragten,
Wagenrad, vier, kleinere

Johann Hinrich Wichern

Der „Erfinder" des Adventskranzes

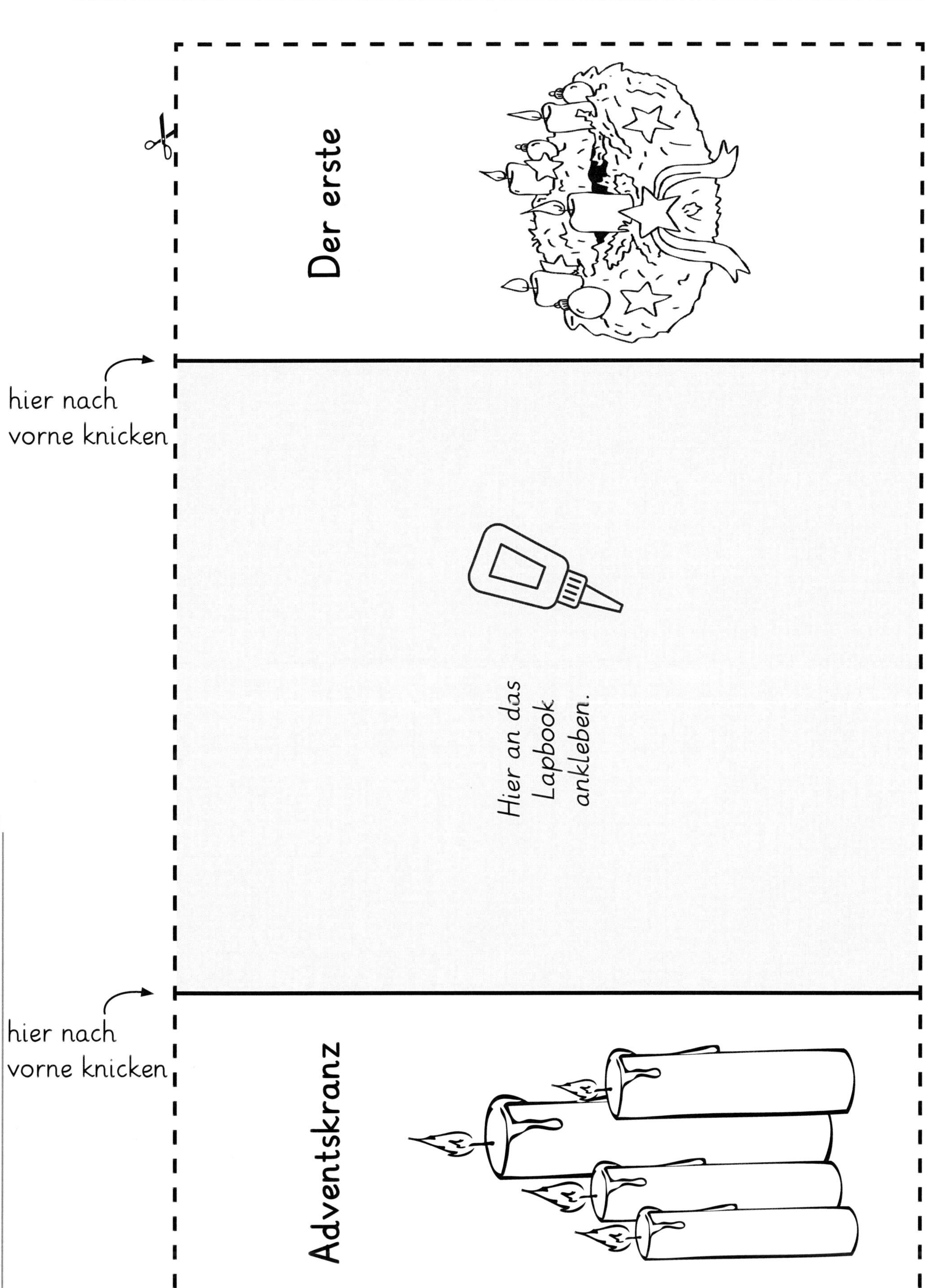

KOHL VERLAG Lapbook Advent und Weihnachten
Die schönste Zeit des Jahres kreativ erarbeiten – Bestell-Nr. 13 151

So entstand der Adventskalender

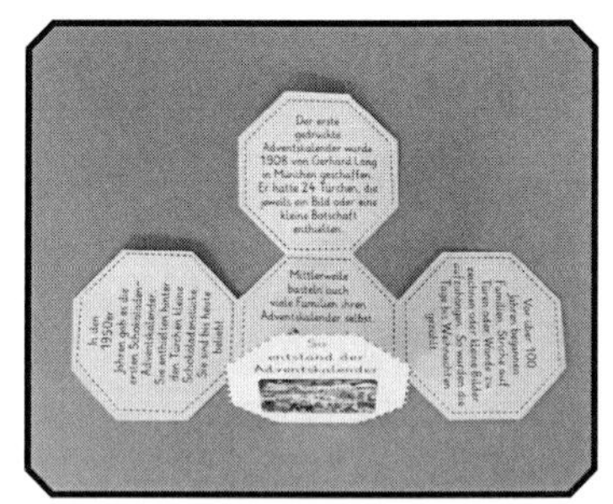

Der erste Adventskalender, wie wir ihn heute kennen, wurde 1908 hergestellt. Damals hieß er noch „Weihnachtskalender". Die ersten Adventskalender waren Strichkalender: 24 Kreidestriche an einer Zimmertür, die nach und nach von den Kindern weggewischt werden durften.

Schneide die Form auf der nächsten Seite und die Kärtchen unten aus. Klebe die Texte hinter die richtigen Bilder. Den letzten Text mit dem Bild klebst du in die Mitte der Form.

Vor über 100 Jahren begannen Familien, Striche auf Türen oder Wände zu zeichnen oder kleine Bilder aufzuhängen. So wurden die Tage bis Weihnachten gezählt.

Der erste gedruckte Adventskalender wurde 1908 von Gerhard Lang in München geschaffen. Er hatte 24 Türchen, die jeweils ein Bild oder eine kleine Botschaft enthielten.

In den 1950er Jahren gab es die ersten Schokoladen-Adventskalender. Sie enthielten hinter den Türchen kleine Schokoladenstücke. Sie sind bis heute beliebt.

Mittlerweile basteln auch viele Familien ihren Adventskalender selbst.

So entstand der Adventskalender

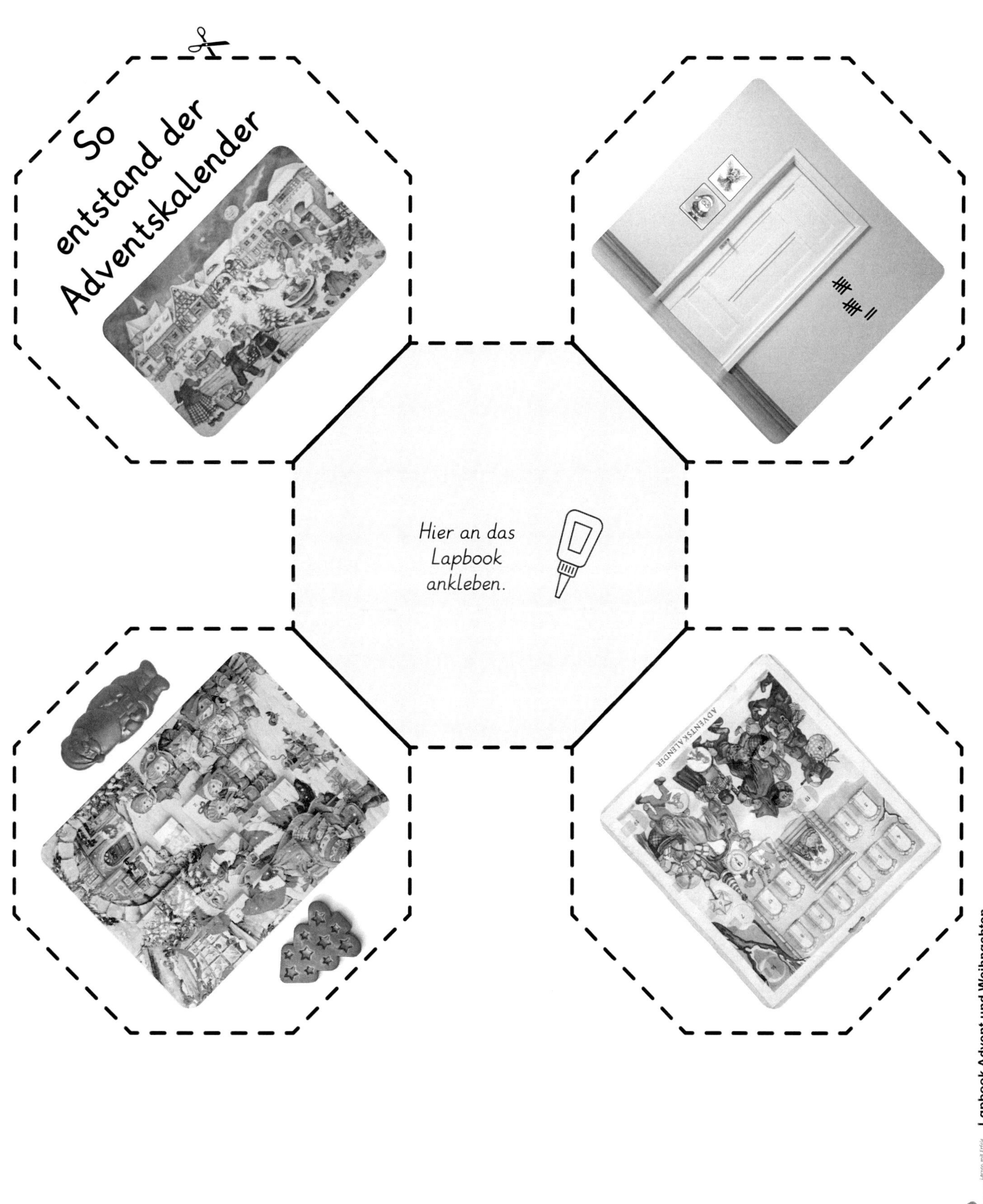

KOHL VERLAG
Lapbook Advent und Weihnachten
Die schönste Zeit des Jahres kreativ erarbeiten – Bestell-Nr. 13 151

Weihnachtslieder

Schneide die Kärtchen auf dieser und der nächsten Seite aus. Klebe die Texte hinter das richtige Bild. Hefte die Kärtchen an den grauen Feldern zusammen und klebe das Büchlein in dein Lapbook. Du kannst weitere Kärtchen und Lieder einfügen!

O, du Fröhliche ...

Alle Jahre wieder

Stille Nacht, heilige Nacht

Vom Himmel hoch, da komm ich her

KOHL VERLAG Lapbook Advent und Weihnachten

Weihnachtslieder

O du fröhliche, o du selige,

gnadenbringende Weihnachtszeit!

Welt ging verloren

Christ ist geboren.

Freue, freue dich, o Christenheit!

Alle Jahre wieder
Kommt das Christuskind

auf die Erde nieder
Wo wir Menschen sind.

Kehrt mit seinem Segen
ein in jedes Haus.

Geht auf allen Wegen
mit uns ein und aus.

Stille Nacht! Heilige Nacht!
Alles schläft; einsam wacht
nur das traute heilige Paar.
Holder Knab' im lockigen Haar.
Schlafe in himmlischer Ruh!
Schlafe in himmlischer Ruh!

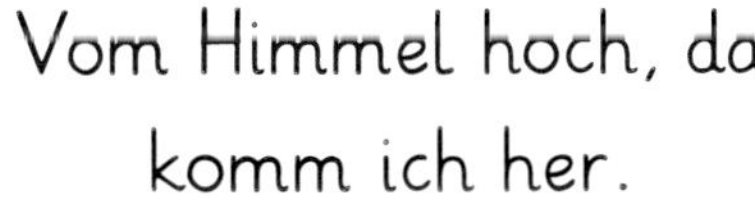

Vom Himmel hoch, da komm ich her.

Ich bring' euch gute neue Mär.

Der guten Mär bring ich so viel.

Davon ich singen und sagen will.

KOHL VERLAG
Lapbook Advent und Weihnachten
Die schönste Zeit des Jahres kreativ erarbeiten – Bestell-Nr. 13 151

Weihnachten in anderen Ländern

Schneide die Kärtchen und das Mäppchen auf der nächsten Seite mit den 4 Klappen aus. Ergänze die Texte und füge sie in das Heftchen ein.

In der Adventszeit schmücken die Briten ihre Wohnungen mit ____________ Girlanden Die Bescherung findet am Morgen des 25. Dezembers statt. In der Heiligen Nacht kommt Santa Claus. Er zwängt sich mit seinen Geschenken durch den____________ und legt sie ins Wohnzimmer oder in die __________ der Kinder. Am frühen Nachmittag des Weihnachtstages gibt es Truthahn und Plumpudding.

Nach einem guten Essen am Heiligen Abend tanzen alle um den Christbaum und singen________________. Danach findet die Bescherung statt. Am nächsten Morgen, dem ersten Weihnachtsfeiertag, besucht die ______________ die Christmette. Der Julbock, ein Ziegenbock aus _____________, bewacht zu Hause die Geschenke. So heißt das Weihnachtsfest auch Julfest.

In Amerika wird Weihnachten nicht als besinnliches Fest gefeiert, sondern bunt und laut. Das Fest heißt _____________ oder einfach X-mas. In den Häusern und Geschäften stehen Bäume mit hellen, bunten Lichterketten. In der Nacht zum 25. Dezember kommt Santa Claus in seinem _____________. Gezogen wird der Schlitten von seinen Rentieren. Bestimmt kennst du das Rentier Rudolph mit der roten__________!

Das Weihnachtsfest in Australien ist eine Sommerparty. Künstliche Weihnachtsbäume mit _____________ oder Aluminium-Schmuck zieren Häuser und Gärten. Es gibt viel künstlichen _____________ und elektrische Lichter. Wachs würden bei den hohen Temperaturen ganz schnell _____________. Am 25. Dezember treffen sich die Leute im Park oder am Strand zu einer Party oder einem Grillfest.

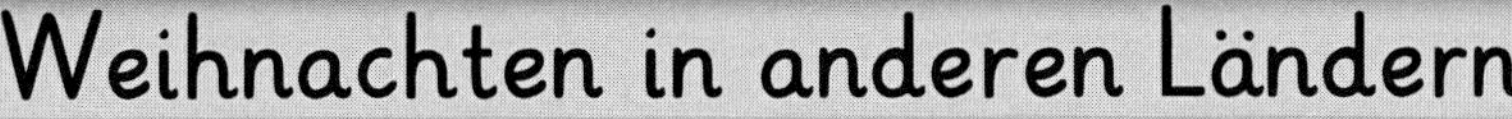

Weihnachten in anderen Ländern

Hier an das Lapbook ankleben.

Lösungen:
bunten, Schornstein, Strümpfe, Weihnachtslieder, Familie, Stroh, Christmas, Schlitten, Nase, Plastik, Schnee, schmelzen

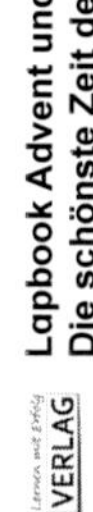

Vorlagen zur freien Gestaltung

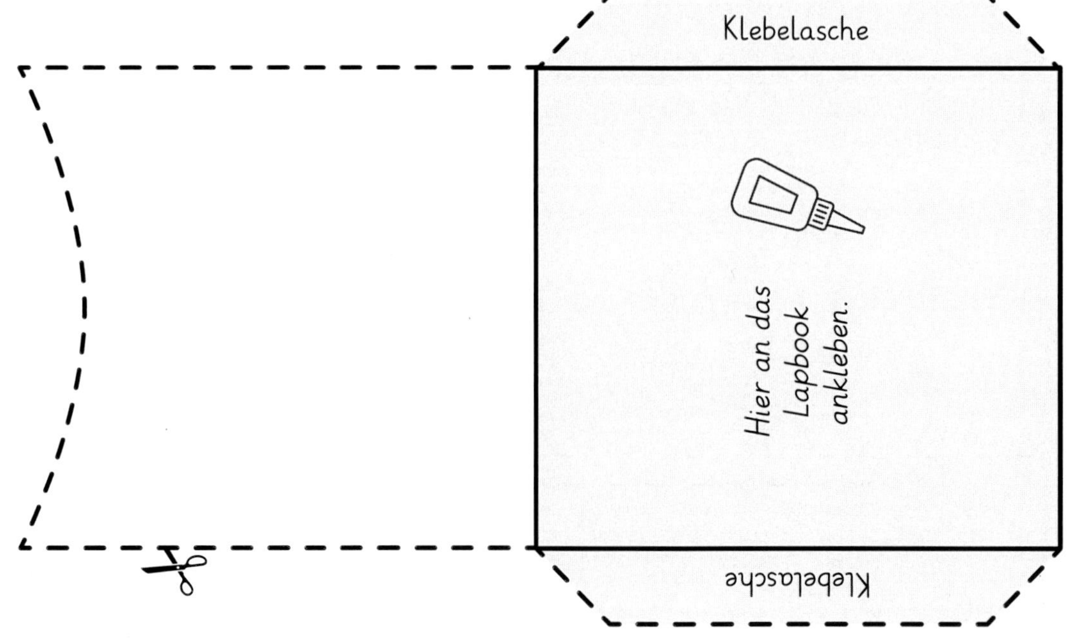